AF493969

# APOLOGIE

## DV GRAND

# OEVVRE,

## OV

# ELIXIR

## DES PHILOSOPHES;

dit vulgairement

## PIERRE PHILOSOPHALE,

Où la possibilité de cette Oeuure
est demonstrée tres-clairement.

Et la porte de la vraye Philosophie
naturelle est toute à fait ouuerte.

*Par Monsieur l'Abbé D. B.*

A PARIS,
Chez PIERRE DE BRESCHE,
ruë S. Iacques, prés S. Benoist
à l'Image S. Ioseph.

M. DC. LIX.

A MONSEIGNEVR

# CHARLES
## DE GORVOD,

Archeuêque de Be-
fançon, Prince du S.
Empire, Marquis de
Marnay, &c.

MONSEIGNEVR,

*L'Ouurage que
ie dedie à voſtre
Grandeur n'a point encore
veu le iour, parce qu'il ſe
trouue peu de perſonnes à qui
il ſoit conforme ; I'ay eſté
moins de temps à le com-*

ã ij

poser, qu'à me determiner
à qui ie l'offrirois; & il seroit encore dans l'obscurité,
si ie n'auois pas l'honneur de
vous connoistre. L'on à peine
à croire qu'il y puisse auoir
vn Agent general dans la
Nature; & l'on ne se peut
aussi persuader qu'il y ait
des hommes vniuersels en leurs
acquits : Cependant il m'en
falloit trouuer vn marqué à
ce riche coing dans le dessein
de dedier cette Oeuure. Vous
m'auez fauorisé. MON-
SEIGNEVR, en ce ren-
contre, puisque vous parois-
sez aux yeux des plus éclai-
rez auec cét aduantage. I'ay
veu tant de rapport en vostre

personne, auec le sujet que ie
defends ; que si i'adressois à
d'autres cette Apologie, l'on
me pourroit blâmer d'impru-
dence, & de peu de conduite.
Les Sages l'appellent leur
grand Oeuure, dont la puissance n'a point de bornes, &
les effets point de prix : Il
agit dans les trois regnes de
la Nature d'vne façon toute
diuine, puis qu'il en chasse les
defauts qu'il rencontre, &
leur donne les beautez qu'ils
n'ont pas. Rien ne me peut
empêcher de dire, MON-
SEIGNEVR, que les plus
sages vous regardent comme
leur miroir, & que vostre il-
lustre naissance jointe à tou-

ã iij

tes les belles qualitez qui
peuuent releuer vn homme
les oblige à croire que vous
estes celuy où l'Art & la
Nature ont trauaillé auec
soin, & se sont espuisez auec
plaisir. Nous connoissons
aussi que vostre pouuoir &
vostre authorité n'ont point
de limites, puis qu'elles
s'estendent par tout, & que
dans les trois ordres qui composent vn estat parfait, vous
pouuez tout entreprendre &
tout executer; l'Eglise vous
considere & vous suit comme son Flambeau & son
Chef : La Noblesse vous
honore comme son Ornement,
& tout le Tiers Estat vous

regarde comme vn Protecteur. Et nous pouuons penser que comme noſtre grand Oeuure produit l'Or au Regne Metallique, fait croiſtre les fleurs & les fruits au vegetal, rétablit & conſerue la ſanté parmy les hommes. Vous faites naiſtre de l'amour dans le Tiers Eſtat par voſtre douceur; vous animez les cœurs des Nobles par voſtre generoſité; & vous maintenez heureuſement l'Egliſe dans ſon luſtre par voſtre prudence. Si l'on vous a veu pluſieurs fois preſider aux Eſtats de voſtre Prouinces ce n'a pas eſté par vn choix; mais par voſtre-meſ-

rite. Et si le desir de l'honneur naturel à tous n'a pû
ébranler personne pour luy
faire concourir auec vous
dans les occasions de recon-
noistre vostre vertu ; c'est vn
hommage que tous les hom-
mes luy doiuent, & vn adueu
public, que tout ce que la
Prouince a de plus beau &
de plus glorieux, ne peut di-
gnement couronner que vôtre
chef, & que tout le monde
est persuadé que l'on vous
doit deferer auec raison, &
s'estimer au dessous de vous
auec Iustice. Vous auez
donc, MONSEI-
GNEVR, en vostre
agir, & en vous-même, beau-

coup de rapport auec nostre
Ouurage ; & l'on ne me peut
blasmer de la liberté que ie
prens de vous en adresser la
defence : plustost j'ay sujet de
croire, que si toute vne Prouince, à rendu vn témoignage
public, à vos qualitez emi-
nentes, chacun me voudra du
bien d'en laisser vne marque
eternelle dans mes écrits ;
I'admire mon bonheur en
cette occasion, puis que vous
pensant seulement à donner
quelques legeres preuues de
mes respects, ie fais du bien
au public, & me procure de
la gloire. I'oblige toute vne
prouince la faisant paroistre
juste & vertueuse par le recit

de l'honneur qu'elle vous
rend ; ie me procure de la
gloire & de l'amour publiant
les veritez qui luy agréent
le plus : Mais ce qui m'est
le plus glorieux, c'est que ie
fay connoistre à toute la terre que ie suis auec respect,

MONSEIGNEVR,

De vostre Grandeur & Sei-
gneurie Illustrissime,

Le tres-humble & tres-
obeïssant seruiteur,

D. B. Abbé, &c.

### Extraict du Priuilege du Roy.

PAr grace & Priuilege du Roy datté du 9. Février 1658. signé SIMON, Il est permis à PIERRE DE BRESCHE Marchand Libraire & Imprimeur de noftre bonne Ville de Paris, d'imprimer, vendre & debiter vn liure intitulé, *La Poudre de Sympaihie iuftifiée, & autres œuures dudit Autheur*, & defenfes de les imprimer, contrefaire & debiter par qui que ce foit pendant le temps qui eft plus amplement porté audit Priuilege.

Extrait du Privilège
du Roy.

# APOLOGIE
## DV GRAND
# OEVVRE,
### OV
# ELIXIR

## DES PHILOSOPHES,

dit vulgairement

### PIERRE PHILOSOPHALE

 VIS QVE l'I-
gnorance & le
menfonge com-
battent plus fortement

A

que iamais les belles ve-
ritez, qu'on ne s'eston-
ne pas si mon zele s'al-
lume dauantage pour
leur defense, C'est vn
sort donné à la Natu-
re d'estre persecutée en
ses plus beaux ouurages,
& à l'art d'estre blâmé en
ses plus riches entrepri-
ses.

Il semble que le temps
qui termine les maux les
plus inueterez, au lieu
de le leuer luy donne
tous les iours de nou-
uelles forces, & qu'aug-
mentant le nombre des
ignorans, il accroist aussi des rigueurs de ses es-

fets pernicieux.

Le grand œuure des
Sages tient le premier
rang entre des belles
choses, la Nature sans
l'Art ne le peut ache-
uer, l'Art sans la Natu-
re ne l'ose entreprendre,
& c'est vn Chef-d'œuvre
qui borne la puissance
des deux. Ses effets
sont si miraculeux, que
la santé qu'il procure &
conserue aux viuans, la
perfection qu'il donne
à tous les composez de
la Nature, & les gran-
des richesses qu'il pro-
duit d'vne façon toute
diuine, ne sont pas ses

A ij

plus hautes merueilles.
Si Dieu l'a fait le plus
parfait agent de la Na-
ture, l'on peut dire fans
crainte qu'il a receu le
mefme pouuoir du Ciel
pour la Morale. S'il pu-
rifie les corps, il éclaire
les efprits, s'il porte les
mixtes au pl[9] haut point
de leur perfection, il
peut efleuer nos enten-
demens iufques aux pl[9]
hautes connoiffances;
d'où vient que plufieurs
Philofophes ont recon-
nu en cét ouurage vn
fymbole accomply des
plus adorables myfteres
de la Religion : Il eft le

Sauueur du grand mon-
de, puisqu'il purge tou-
tes choses des taches originelles, & repare par
sa vertu le desordre de
leur temperament, &
en cela il represente Ie-
svs-Christ. Il subsiste
dans vn parfait ternaire
de trois principes purs,
reellement distincts, &
qui ne sont qu'vne mes-
me nature, & en cela il
est vn beau symbole de
la sacrée Triade. Il est
originairement l'Esprit
vniuersel du monde cor-
porifié dans vne terre
Vierge, estant la pre-
miere production où le

premier meslange des
Elemens, au premier
poinct de sa Naissance,
pour nous marquer &
figurer vn Verbe huma-
nisé dans les flancs d'v-
ne Vierge, & reuestu
d'vne nature corporelle.
Il est trauaillé dans sa
premiere preparation, il
verse son sang, il meurt,
il rend son esprit, il est
enseuely dans son vais-
seau, il ressuscite glo-
rieux, il monte au Ciel
tout quinteressétié pour
examiner les sains & les
malades, détruisāt l'im-
pureté centrale des vns,
& exaltant les principes

des autres : en quoy il
nous figure les trauaux
& tourmés du Sauueur,
l'effusion de son sang sur
la Croix, sa mort, sa se-
pulture, sa resurrection,
son ascension, & son se-
cond aduenement pour
iuger les viuans & les
morts; De sorte que ce
n'est pas sans sujet qu'il
est appellé par les Sages
le Sauueur du grand
monde, & la figure de
celuy de nos ames, l'on
peut iustement dire que
s'il produit des merueil-
les dans la Nature, in-
troduisant aux corps vne
tres-grande pureté. Il

fait aussi des miracles
dans la Morale, éclai-
rant nos esprits des plus
hautes lumieres. Bien
plus, si nous croyons à
Remond-Lulle, il a la
puissance de chasser les
Demons, qui ennemis
de l'ordre ne peuuent
supporter le merueil-
leux accord de ses prin-
cipes, & sa parfaite sym-
metrie. Si Dieu a soû-
mis le Demon aux moin-
dres choses corporelles,
abaissant iustement au
dessous de son rang ce-
luy qui s'est voulu inso-
lemment esleuer au des-
sus de luy-mesme, com-

me nous remarquons
au fiel du Poiſſon de
Tobie, & en diuers ſim-
ples , dont les odeurs
chaſſent les Diables.  Il
eſt probable qu'ils ſont
ſoûmis au plus noble
corps de toute la Natu-
re, où le Ciel & la Ter-
re s'accordent pour r'en-
fermer leurs plus riches
treſors.

Toutes ces mérueilles
qui ont charmé le cœur
des Sages, ont irrité l'eſ-
prit des ignorans , qui
ne pouuans releuer leurs
penſées plus haut que la
portée du ſens, ſe ſont
efforcez de tout temps

de faire paſſer cét Elixir
de vie pour quelque do-
cte reſuerie, quelque
chimere & quelque il-
luſion. Ils ne peuuent
comprendre qu'vne ſub-
ſtance Elementaire puiſ-
ſe guarir toutes ſortes de
maux, & meſmes tou-
tes ces grandes mala-
dies, que vulgairement
les Medecins appellent
incurables. Ils ne côçoi-
uét pas que par l'vſage do
cette Medecine vniuer-
ſelle, l'on peut conſer-
uer vne ſanté entiere, &
prolonger ſa vie. Ils ont
peine à ſe perſuader que
cette Medecine puiſſe

agir sur tous les corps
de la Nature d'vne fa-
çon si estonnante! Ils ne
sçauroient s'imaginer
que les mineraux, les ve-
getaux, & toutes sortes
d'animaux trouuée dans
son vsage la deliurance
des maux qui les abaiſ-
sent, & la poſſeſſion des
biens qui les releuent;
que le plomb, l'eſtain &
autres groſſiers metaux
puiſſent deuenir or, vn
fruict amer puiſſe eſtre
rendu doux, vn cryſtal
frangible puiſſe acque-
rir la dureté du diamant;
vn Ladre, Podagre, ou
Paralytique puiſſe rei

prendre ses premieres
vigueurs : & leur foi-
blesse fait qu'ils accu-
sent les Sages d'impo-
stures, les Philosophes
d'erreurs, pour auoir dit
publiquement que ce
remede vniuersel, ce
baume Catholique, &
Elixir de vie, non seu-
lement estoit possible,
mais qu'eux-mesmes l'a-
uoient fait, & auoient
reconnu par experience
tous les effets que l'on
luy attribuë.

Cette ignorance de-
plorable a pris si forte-
ment racine dans nos
iours, que les plus gran-
des

des lumieres ne font
point trop éclatantes
pour la diffiper; & com-
me il y a long-temps
qu'elle a pris naiffance
dans le monde, festene-
bres en font plus efpaif-
fes, elle a groffi comme
les ruiffeaux, à mefure
qu'ils font plus éloignez
de leurs fources, & ie
puis dire qu'elle eft arri-
uée à vn poinct, que le
deffein d'en purger les
efprits de noftre fiecle,
pourroit paffer pour vne
efpece de temerité &
prefomption,

Neantmoins la verité
& la realité de l'Elixir

Philofophalme paroift fi
euidente , que i'aime
mieux m'expofer à la
cenfure des ignorants ,
que de me taire : Si i'attire par ce deffein fur
moy vne troupe d'iniu-
ftes & infenfez perfecu-
teurs , i'efpere engager
les plus fçauants à ma
defence , & peut-eftre
ceux qui s'emporterònt
plus contre moy à la fa-
ce de cette Apologie, fe
rendront vn iour par la
force de fes raifonne-
mens.

Et fi dans le commen=
écment de fa lecture ils
me regàrdent comme vn

Anatheme, à la fin ils me
traiteront côme vn amy
de la Philofophie : Ainſi
i'auray l'hôneur d'auoir
ouuert la porte à vn ou-
urage ſi riche , & ſi ad-
uantageux : & de telle
maniere , que ceux qui
plongez dans l'erreur
n'ont trauaillé iuſques à
preſent que par vn deſir
aueugle, & ſans vn rai-
ſonnable fondement ſur
des fauſſes & éloignées
matieres , au preiudice
de leur temps, de leurs
peines, & de leurs biens,
pourront cônoiſtre heu-
reuſement la veritable,
& le ſuiet d'où il la faut

extraire: du moins i'au-
ray le plaifir d'auoir trauaillé pour le bien du
public, combattu le mé-
fonge, & pris party pour
la verité.   Ce font les
principales raifons qui
m'engagent à cette en-
treprife, & qui m'obli-
gent à faire veoir à tout
le monde, au grand mé-
pris des ignorans , que
l'Elixir des Philofophes
eft vn ouurage poffible
à la Nature , pourueu
qu'elle foit aydée & fe-
couruë par l'art, & ce
fera l'effet de mes fui-
uants raifonnements.

## §. I.

ET afin de proceder clairement & methodiquement ; il est à supposer premierement comme tres-veritable, que toutes les choses sublunaires sont simples, ou composées : Les simples sont celles qui composent les mixtes : les composées sont celles qui procedent du mélange des simples : Les simples sont celles qui ne contiennent qu'vne qualité predominante des quatre radi-

cales; les côposées font
celles qui font mélan-
gées de ces quatre pre-
mieres : Ces fubftances
fimples s'appellent Ele-
mens, parce qu'elles font
les principes premiers
dont tout le refte eft
compofé , & en effet
nous connoiffons que
tous les Mixtes font
compofez du chaud ,
du froid , du fec , &
de l'humide ; d'où
vient que ces quatre
Elemens fe trouuans op-
pofez, & agiffans à rai-
fon de leur contrarieté
les vns contre les au-
tres, s'alterent double-

ment, & par remission,
& par intention ; & par
cette double alteration
changent le premier &
vray temperament ne-
cessaire à la durée de
chaque chose, & en font
vn autre propre à pro-
duire vn nouueau mix-
te. Aussi nous remar-
quons que les Estres qui
n'ont point de contrai-
res sont immortels, &
non sujets à la corru-
ption, pourueu que d'ail-
leurs il n'y ait point
d'autre cause qui les
puisse destruire : com-
me il arriueroit en l'a-
me raisonnable, si elle

n'estoit pas capable d'a-
gir hors de son corps; ie
veux dire qu'en ce cas,
elle seroit mortelle, bien
qu'elle n'ait aucun con-
traire, parceque l'estre
n'estant que pour l'actió,
il ne peut subsister dans
l'estat de ne pouuoir
agir.

Ie ne dis pas pourtant
que les quatre premie-
res qualitez soient con-
traires dans toute leur
estenduë, puisque par
tout elles s'accordent
pour composer tous les
temperamens : ie veux
seulement dire qu'elles
ne se combattent qu'en

vn certain degré, ſous
lequel nous deuons tou-
tefois admettre vne cer-
taine latitude, le tèm-
perament ne conſiſtant
pas dans vn indiuiſible :
mais lors qu'elles ſortét
de cette latitude, elles
deſtruiſent ſuffiſammént
le temperament qui có-
ſerue le mixte, & en
compoſent vn autre; &
de là vient cette corru-
ption generale que nous
voyons dans tous les
compoſez de cette baſſe
region.

## §.  I I.

IL est certain en se-
cond lieu que tous
les composez de ces qua-
tre Elemens se redui-
sent en trois principes,
à sçauoir, en souffre, sel,
& en mercure , qui se-
lon leurs diuers mélan-
ges composent toutes
les choses sublunaires,
quoy qu'infinies en nó-
bre, en proprietez, & en
vertus ;  C'est vn beau
sujet de meditation , &
vn digne motif d'admi-
rer l'Autheur de la Na-
ture, de voir que cette

grande varieté de fleurs,
de feüilles & de fruits,
de pierreries & de me-
taux : cette diuersité
d'especes parmy les ani-
maux ne prouient que
du diuers mélange des
trois choses. Cette ve-
rité paroist tres-euiden-
te, puisque dans la re-
solution de tous les có-
posez nous y voyons ces
trois choses, & rien plus:
nous y voyons vne par-
tie terrestre, vne aqueu-
se, & vne sulphurée:
nous y voyons vn corps,
vne ame & vn esprit : &
dans ce ternaire nous y
voyons pareillement le

quaternaire des quatre
qualitez & elemens : Le
corps est composé de
terre & d'eau , & nous
l'appellons sel, l'esprit est
composé d'eau & d'air, &
nous l'appellós Mercure,
l'ame est composée d'air
& de feu , & nous l'ap-
pellons souffre : le sel est
comme la matiere , le
souffre comme la forme,
& le Mercure le moyen
vnissant : car comme le
corps & l'ame partici-
pent des qualitez trop
esloignées & opposées,
le Mercure qui partici-
pe des qualitez de l'ame
& du corps sert de me-
diateur :

moyen mé-
diateur, & comme il est
eau & air, & qu'entant
qu'il est eau, il participe
du corps, & entant qu'il
est air, il approche de l'a-
me; de là vient qu'il fait
la liaison du sel auec le
souffre, du corps auec
l'ame; & il est vray que
selon le mélange de ces
trois choses, de ce sel,
de ce souffre, & de Mer-
cure l'vn sur l'autre, &
l'vn auec l'autre procède
cette admirable diuersité
de toutes choses, & afin
de ne rien oublier, ie vous
diray que ce mélange se
fait en trois façons, suiuant les trois actions dif-

C

ferentes qui se rencon-
trent entre les Elemens;
Sçauoir l'action du feu
sur l'air, de l'air sur l'eau,
& de l'eau sur la terre, qui
comme la base & le prin-
cipe purement passif, ne
peut agir, & n'agit point;
l'action du feu sur l'air
fait le soulfre ; l'action de
l'air sur l'eau fait le mercure, & l'action de l'eau
sur la terre fait le sel ; &
parce qu'il n'y a que ces
trois sortes d'actions entre les Elemens, il n'y
peut auoir que ces trois
choses dans tous les com-
posez de la nature infe-
rieure.

C'est pour cela aussi
que nous voyons que
tous les mixtes d'icy bas
ne se conseruent, nour-
rissent, & entretiennent
que par ces trois prin-
cipes, d'autant que cha-
que chose est nourrie,
entretenue, & conser-
uée par les mesmes prin-
cipes dont elle est com-
posée. Il semble aux
yeux des ignorans que
tous les mixtes se nour-
rissent de milles choses
differentes, mais non
aux yeux des Philoso-
phes, qui ne reconnoif-
sent qu'vn seul aliment
pour tous les mixtes d'-

cy-bas ; comme ils sont
composez de sel, de sou-
fre & de mercure, ils ne
se nourrissent que de sel,
de souffre, & de mercu-
re ; & bien que ces trois
choses paroissent tant di-
uersifiez , c'est que la
Nature mignarde ses ou-
urages , & les reuest di-
uersement pour conten-
ter les differens tempe-
ramens de toutes cho-
ses : elle fait comme vn
habile cuisinier, qui d'v-
ne mesme chose fait des
ragousts to[9] differés, &
prepare les mêmes ali-
més de mille differentes
manieres. Toutes ces dif-

feretes especes qui no°
étōnét par leur diuersité
ne sont qu'vne mesme
chose diuersement assai-
sonnée & meslangée, les
mineraux, les vegetaux,
& animaux paroissent se
conseruer, & se nourrir
diuersement, ils n'ōt
toutefois tous qn'vn mê-
me aliment composé de
souffre, de sel & de mer-
cure ; la mesme chose
qui cōserue fait croistre
& esleue les plātes, cō-
serue & nourrit les me-
taux, les mineraux, &
animaux, & cét aliment
commun est le baume
de la Nature, cōposé de

ces trois choses qui font
tout, conſeruent tout,
& ſe trouuent par tout;
Il eſt attiré dans nos
Iardins par nos ſim-
ples, dans nos parterres
par nos fleurs, dans
nos montagnes & cauer-
nes par nos minieres, &
parmy les animaux par
les eſtomacs. Il ſe fait
plante dans les iardins,
fleur dans les parterres,
metail dans les minie-
res, & animal dans nô-
tre corps: les plantes &
les mineraux le ſuccent
dans la terre immedia-
tement, & les animaux
le ſuccent par l'entre-

mife des plantes & des
animaux mefmes, com-
me la nature minerale &
vegetale, n'eft pas fi par-
faitre que l'animale, &
fenfitiue, elles le fuccent
fans preparatió, & moins
determiné ; mais parce
que les animaux font
pl⁹ parfaits, & exercent
les operations des fens,
ils le fuccent plus pre-
paré, plus pouffé, & plus
conforme à leur tempe-
rament, mais c'eft tou-
fiours le mefme baume
preparé diuerfement qui
les nourrit & les confer-
uét chacun à leur mode,
& fuiuant leur conftitu

tion, & bien que fouuent,
il foit enueloppé de craf-
fes, d'impureté, d'ordu-
res, la vertu & chaleur,
naturelle de chaque cho-
fe ne laiffe pas de l'atti-
rer à foy quand elle eft
affez forte, & fepare
d'vne façon toute mira-
culeufe toutes ces Ethe-
rogenes & étrageres en-
ueloppes; d'ou vient que
nous voyons par expe-
riente que les animaux
iettent autant d'excre-
ments en apparéce qu'ils
ont pris d'aliment: C'eft
qu'ils ne retiennent que
ce baume qui eft en cha-
que chofe, & qui eft en

tres-petite quantité. Ce
reste n'est qu'vn déguise-
ment, vne boëte, ou ſi
vous voulez vne priſon
où il eſt enfermé. Cét
aliment vniuerſel nous
eſtoit figuré par la Man-
ne qui contenoit toutes
ſortes de ſaueurs, & qui
s'accommodoit au gouſt
de tous ces peuples au de-
ſert ; nous remarquons
auſſi que ces terres qui
n'ont point de ce baulme
que le vulgaire appelle
Sel, ſont ſteriles, & ne
rapportent rien, & que
tout meurt, à meſure
qu'il manque de ce baul-
me.

Si donc tout est con-
ferué par ce baume fait
de sel, de soulfre, & de
mercure, & si nous dé-
couurons ces trois cho-
ses, & rien plus dans les
resolutions de tous les
composez, c'est vne mar-
que tres-euidente que
tout est fait & composé
de ces trois choses.

### §. IIII.

PVis que tout est com-
posé de ces trois
principes, soulfre, sel &
mercure, suiuant comme
nous auons dit, les trois
actions diuerses des Ele-

ments, il faut necessaire-
ment qu'il y ait vn com-
posé general de ces trois
choses, qui en procede
immediatement, parce
qu'aussi-tost que les Elements agissent, les vns
sur les autres, ils n'agissent pas pour porter d'a-
bord leur mélange dans
le dernier degré où la
Nature peut atteindre,
d'autant qu'agissant san-
gement en tout ce qu'el-
le fait, elle marche pas
à pas, & elle aduance de
degré en degré, iamais
elle ne saulte en ses ou-
urages, elle passe toús-
jours par le milieu, &

cela s'obſerue & ſe re-
marque, en toutes les
operations qu'elle pro-
duit dãs ſes trois regnes;
ſon intention eſt bien
d'aller au plus parfait,
mais non ſans paſſer par
les milieux qui l'y con-
duiſent: Quand elles tra-
uaille dans les Minieres,
elle ne pretend pas faire
du plomb, de l'eſtain,
du mercure, du fer, du
cuiure, ny meſme de
l'argent, mais ſeulement
de l'or: mais comme elle
eſt touſiours ſage, & ſuit
les mouuements de ſon
autheur, elle n'entend
pas faire de l'or d'abord,
& dans

& dans son premier pas,
& trauaillant dans le re-
gne des plantes, elle veut
faire des simples & des
arbres parfaits, mais non
pas en vn iour; parmy les
animaux elle pretend for-
mer, esleuer, & organi-
ser vn corps auec toute la
beauté qu'elle peut,
mais non sans faire plu-
sieurs differentes démar-
ches. Et comme trauail-
lant dans vn regne par-
ticulier & determiné, el-
le va pas à pas, aussi auparauant que de passer
dans le particulier, elle
commence par le gene-
ral, & par la premiere

action de ſes Elements, elle fait vn mixte vniuer-ſel & general, qui ſe ren-contre par toute la ter-re, cét element eſtant la matrice & le vaiſſeau v-niuerſel de la Nature, & de ce mixte general tous les autres ſont compo-ſez, c'eſt de luy qu'ils prennent leur naiſſance, c'eſt par luy qu'ils s'éle-uent, qu'ils s'entretien-nent qu'ils ſe conſeruét & ſe nourriſſent; il for-me & enrichit les mine-raux & les metaux; il compoſe & fait croiſtre les plantes, il fait & il nourrit les animaux: c'eſt

ce premier ouurage des
Elements eſtimé par les
ſages plus que tout l'or
du monde; c'eſt ce ſuiet
vil & pretieux, c'eſt cette matiere qui n'eſt pas
la premiere, mais quaſi
la premiere; c'eſt cette
paſte qui fait tous les
pains cuits de la Nature,
c'eſt cét Or des Philoſo-
phes, c'eſt la ſemence de
l'or, c'eſt cette pierre
minerale, vegetale, &
animale, & qui pour-
tant n'eſt mineralle, ve-
getale, ny animale; c'eſt
ce mercure qui com-
prend tout ce que cher-
chent les ſages, c'eſt cet-

te eau qui ne mouille
pas les mains ; c'est ce
Prothée qui se reuest de
toutes les couleurs; c'est
ce poison & c'est cet an-
tidote, c'est ce feu de nature, c'est ce bain du
Roy & de la Reyne, c'est
ce fils du Soleil & de la
Lune, c'est l'Androgée
des sages, c'est cette Ve-
nus Hermaphrodite, qui
contient les deux sexes,
le masle & la femelle, le
froid, le sec, l'humide, &
le chaud, en vn mot c'est
la matiere & le suiet des
sages.

## §. IV.

MAis parce que la Nature a ses limites & ses bornes en toutes ses operations, tant à raison des impuretez, des taches, & des ordures qu'elle ne peut separer dans sa composition, & premier mélange des Elements en ses principes, que pour l'indisposition de la matiere ou du lieu où elle trauaille pour faire son mélange, & pour le defaut de la chaleur necessaire à reïterer & pousser plus auant ses

D iij

mesmes operations : de
là vient que son premier
composé general est im-
pur, & moins eleué, &
par consequent les prin-
cipes generaux, ce souf-
fre general, ce mercure
general, & ce sel gene-
ral dont tous les mixtes
particuliers sont com-
posez, participent la
mesme impureté & im-
perfection de leur naiss-
ance, c'est vne tache ou
vn peché originel qu'ils
tirent de leur source,
c'est vne souilleure qui
vient du pere & de la
mere, qui est communi-
quée à tous les mixtes

particuliers par voye de
generation, les crasses,
les feces, les terrestrei-
tez, sulphureitez, les
phlegmes, & autres im-
puretez semblables que
nous voyons aux metaux
imparfaits sont des ef-
fets de ce peché, l'aspre-
té, l'aigreur, la crudité,
les indigestions, l'im-
maturité, & autres pa-
reils defauts qui se re-
marquent aux vegetaux,
sont des ruisseaux de cette source; les maladies &
les infirmitez que les
animaux souffrent, sont
des marques de ce ve-
nin, & il n'y a rien dans

toute la nature ſublu-
naire qui n'ait eſté con-
çeu & engendré auec ce
peché & cette tache ori-
ginelle. l'or meſme, qui
eſt le plus parfait com-
poſé d'icy bas n'a point
eſté conceu ſans cette
tache, & la conception
des plus purs n'a point
eſté immaculée. Il eſt
vray que ſon ſel, ſon
ſoulfre & ſon mercure
ſont les plus épurez; toutefois ils ne ſont point
exempts de certaines ta-
ches centralles, moins
groſſieres que celles qui
ſe rencontrent dans les
autres metaux, comme

il paroiſt par leurs diſſo-
lutions. De plus, il n'eſt
pas tãt éleué qu'il pour-
roit eſtre, n'ayant dans
le mélange & conſtitu-
tion de ſes trois princi-
pes que le poids, la teinture, & la fixation qui
luy ſont neceſſaires, &
n'en pouuant communi-
quer aux autres : Et nous
remarquons que tous les
mélanges qui ſe font des
autres metaux & mine-
raux auec l'or, quoy que
purifiez par leurs ci-
ments, & autres proce-
dez, ne ſont pas des aug-
ments de cet or ; mais
qu'aprés tous ces tra-

uaux l'on trouue tou-
fiours l'or au même eſtat
qu'il eſtoit auparauant,
& les metaux que l'on a
mélangé nullemét exal-
tez : Nous voyons auſſi
que la nature demeure
des centaines d'années à
faire le plus beau & le
plus riche de ſes mixtes
ou compoſez elemen-
taires, c'eſt à raiſon de
ſes impuretez originai-
res qui amortiſſent la
force & la vigueur des
actions de la nature, qui
manquât de chaleur ne-
ceſſaire pour porter &
pouſſer ſes digeſtions au
poinct qu'elle voudroit,

est contrainte de conti-
nuer le même pour faire
en vn long téps ce qu'el-
le feroit en peu par des
operations plus fortes &
vigoureuſes.

## §. V.

OR ſi ce mixte gene-
ral impur dans ſa
naiſſance, & qui infecte
tous les mixtes particu-
liers de ſon premier ve-
nin, eſtant leur fonde-
ment, leur nourriture &
aliment, eſtoit exempt
de ſes impuretez & ta-
ches originelles; & ſi le
mélange des principes

qui font sa composition
estoit exalté en eux-mê-
mes, & rendu plus par-
fait ; il est certain qu'il
auroit le pouuoir d'exal-
ter, éleuer & perfection-
ner : car si dans sa foi-
blesse & dans son mélan-
ge imparfait, il fait, il
nourrit, il éleue & con-
serue tant de belles &
diuerses especes, au re-
gne mineral, vegetal &
animal ; que ne feroit-il
pas si son mélange estoit
pur & parfait, sans dou-
te il produiroit des mix-
tes beaucoup pl⁹ beaux,
il les nourriroit plus
abondamment, les con-
serue-

ferueroit plus fortemét,
& les éleueroit plus hau-
tement : Mais il est vray,
& personne n'en peut
iamais douter, que l'art
se ioignant à la Nature,
peut donner cette per-
fection & cette pureté,
en suppleant à tous les
defauts de Nature ; ce
qu'il peut faire, & fait
premierement quand il
separe les taches & les
ordures des trois princi-
pes generaux, leur four-
nissant vne matiere, vn
lieu, ou vn vaisseau plus
conuenable que n'est ce-
luy où la Nature opere,
qui est remply de crasses

E

& de mille sortes d'im-
mondices. Secondemét
en administrant vn feu
plus proportionné, plus
fort, & qu'il manie pl°à
son gré, & côme il veut,
pour reïterer avanta-
geusement, & avec sur-
croist, les mêmes opera-
tions que la Nature pra-
tique en ses ouvrages, &
son mélange, qui sont
digestion, euaporation,
& distillation purifie
ces trois principes en
rejettant les crasses &
les parties plus grossie-
res du sel, les aquosi-
tez superfluës du mer-
cure, & les parties adu-

stibles du soulfre: Il per-
fectionne le sel, le soulfre, & le mercure; en
digerant, euaporant,
distillant plus forte-
ment & plus souuent
que ne peut la Nature,
qui sans l'ayde & le se-
cours de l'art est defe-
ctueuse, & n'a pas assez
de chaleur pour bien
faire: & ainsi pousser
& renforcer ses opera-
tions

## §. VI.

SIl'Art & la Nature, ou pluftoft fi la Nature aydée de l'Art peut faire le mixte general tres-parfait, il eft indubitable qu'eftant appliqué aux mixtes particuliers, impurs, & imparfaits, il les perfectiónera, & portera leurs principes dans leur derniere pureté. Eftant ioint auec les metaux imparfaits, il en fera de l'or , qui eft le terme de la Nature au genre mineral: pareillement il rendra les vege-

taux capables de pro-
duire promptement les
meilleurs fruicts dans
leur espece, & guarira
les animaux de toutes les
maladies, & fera la Pa-
nacée & Medecine vni-
uerselle à tous les mixtes
& composez de la Na-
ture, parce que le bien
par inclination essentiel-
le enuers ce qui luy est
semblable & propor-
tionné, s'y ioint & s'y
attache, & partant le
tres-grand bien qui est
dans ce mixte parfait,
rencontrant dans les
mixtes particuliers quel-
que chose de bon, il

l'embrasse, & s'y vnit
estroittement, & ainsi
s'ynissant auec, il l'ac-
croist & l'augmente, &
par raison contraire
ayant vne auersion es-
sentielle contre le mal
beaucoup plus forte, re-
iette tout le mal qu'il
rencontre dans les mix-
tes, & par consequent
il purifie, il perfection-
ne, il exalte, il conserue,
il guerit tous les suiets
ou il est appliqué suffi-
samment, & comme il
faut.

C'est sur ces fonde-
mens que ce sont ap-
puyez tous les Philoso-

phes, quand ils ont at-
tribué tant de merueil-
le à leur Elixir, quand
ils ont dit qu'estant ap-
pliqué à l'or il exaltoit
sa teinture & sa fixation
auec exuberance, en for-
te qu'il en pouuoit com-
muniquer abondammét
aux metaux imparfaits,
qu'en iettant vn grain
ou enuiron dans de l'eau,
& en arrosant toutes
sortes de plantes, il les
faisoit produire en peu
de temps leurs meil-
leurs fruicts, & mesme
au plus fort de l'Hyuer,
qu'estant beu dans les
liqueurs conuenables

aux maladies du corps
humain, il guarissoit
tres promptement, rom-
poit le calcul, nettoyoit
la lepre, appaisoit les
gouttes, purifioit le sang,
confortoit la chaleur na-
turelle, reparoit l'humi-
de radical, chassoit l'intemperie, & en vn mot
donnoit la santé, la for-
ce, & toute la vigueur
que l'animal pourroit
auoir, qu'estant ioinct
au verre, il le rendoit
tres malleable, au cry-
stal qu'il en faisoit vn
diamant, autreint il l'em-
bellissoit merueilleuse-
ment aux pierreries, il

augmentoit leur dureté,
leur brillant, leur cou-
leur, leur beauté, & leur
prix.

Ce n'eſt pas auſſi ſans
raiſon qu'ils ont dit que
cét Elixir ſe pouuoit
multiplier en quantité,
& en vertu iuſques à
l'infiny, puiſque tant
plus qu'il ſe fait de di-
geſtion d'vn ſuiet de di-
ſtillation & d'euapora-
tion, tant plus il ſe dé-
pure & il s'exalte; &
l'art peut repeter ces
trois operations autant
qu'il veut; il peut auſ-
ſi adminiſtrer pluſieurs
fois les principes qui le

composent, & qui par-
tant le multiplient,
C'est sur ces mesmes
fondemens que ie m'ap-
puye pour fermer la
bouche à nos ignorans
presomptueux qui osent
entrer en compromis
auec les sages du temps
& de l'antiquité, & pen-
sent triompher de la ve-
rité par des raisons fri-
uolles qu'ils opposent
aux principes inébran-
lables & asseurez de la
Philosophie: Qu'ils ne
se mettent pas de nou-
ueau en colere s'il appe-
lle friuolles & lege-
res leurs plus fortes ob-

iections : C'est le plus
doux epithete que ie
leur puis donner : Et
afin de le faire aduoüer
à eux-mefmes, & les
confondre dauantage,
bien qu'elles ne foient
pas dignes d'arrefter nos
efprits, & ne meritent
point de refponfe : Exa-
minons les toutes en dé-
tail & en particulier, &
faifons leur honneur d'y
répondre à leur confu-
fion, à l'auantage de la
verité, qui ne pouuant
eftre vaincuë, éclatte
d'autant plus qu'elle eft
perfecutée & trauerfée,
& que les armes dont

on se sert pour la com-
battre sont foibles con-
tre son bouclier.

[※※※※※※※※※※]

## PREMIERE

*Obiection.*

En premier lieu traitter de l'i-
gnorance en ce rencontre
est de dire que depuis la
naissance du monde ius-
ques à nos iours, nous
ne trouuons pas que per-
sonne ait accomply cét
œuure, & que par cette
raison nous deuôs croire
que l'entreprise en est
vaine, & le succez im-
possible. Ie laisse à iuger

F

à tout le monde, ſi cette
premiere obiection n'eſt
pas tout à fait ridicule ,
& ſi c'eſt raiſonner en
habile homme de con-
clure à l'impoſſible par
la negation d'vn fait, celuy qui diroit que Dieu
ne peut creer de nou-
uelles creatures s'il vou-
loit , parce qu'il ne les
a pas encores creé, que
le Roy ne peut faire des
armées, de cent mille
hommes, parce qu'il n'en
a point encores leué de
ſi nombreuſes, paſſeroit-
il pas iuſtement pour
dénué de ſens? c'eſt vne
maxime dans la Logi-

quê que la confequence
eſt vitieuſe, qui infere
par la primatió de l'acte
vn defaut de puiſſance ;
ainſi quád il feroit vray
que perſonne n'a iamais
fait le Grand Oeuure des
Sages, l'on ne pourroit
pas inferer que le ſuc-
cez eſt impoſſible.

Mais tant s'en faut que
nous deuions accorder
que cét Oeuure n'a pas
eſté fait, pluſtoſt nous
deuons & pouuôs croire
raiſonnablemêt que plu-
ſieurs Philoſophes fauo-
riſez de la grace du Ciel
l'ont veu, l'ont manié,
l'ont accomply, & s'en

sont heureusement ser-
uy: autremét il faudroit
reuoquer en doute les
escrits de plusieurs gráds
personnages qui l'asseu-
rent auec serment, si le
rapport de deux ou trois
témoins, pris mésme du
commun du peuple, fait
foy parmy les hommes,
si celuy d'vn homme
d'honneur & de merite
rend vne creance raison-
nable, à plus forte rai-
son le rapport de plus de
cent grands hommes Il-
lustres en pieté, en vertu,
en science, fait vn témoignage tres-probable que
cét ouurage a esté fait, &

nous deuons beaucoup
plus à leur authorité,
qu'à l'imagination d'vn
infenfé vulgaire qui
fait les fens l'arbitre de
toutes les creances. Le
grand Hermes, appellé
Mercure Trifmegifte,
qui a eu toute la con-
noiffance de la Nature,
qui mefmes s'eft éleué
iufques à décounrir
quelquesrayõsdu myfte-
re ineffable de la facrée
Triade, Pithagore, So-
crate, Platon, Ariftote,
Salomon, Calid Roy
des Egyptiens, Gebor
Roy des Arabes, Morie-
nus Romain entre les

anciens, Arthephius Si-
nefius, Raymond-Lulle,
Arnaud de Ville-neuve,
Bernard Comte de Tre-
uffan, Roger Bacon, Ba-
file Valentin, & tant
d'autres    perfonnages
marquez au  meilleur
coing de tous les fiecles,
qui affeurent tous, non
feulement que cét œu-
vre eft poffible, mais
qu'ils l'ont acheué &
parfait, en ont vfé pour
leur fanté, ont vefcu
plus long temps que le
commun des hommes,
& en ont affifté leur prochain; font-ils pas plus
croyables que les plus

renforcées trouppes de
dos ignorants ? Certes
vn témoignage de cette
nature est trop fort pour
émousser ce premier
trait, & faire connoistre
à tout le monde que
l'antecedent & la conse-
quence de leur premiere
obiection se détruisent
par vne fausseté tres-euidente.

## *II. OBIECTION.*

SI ce grand Oeuure de Chymie, eſtoit poſſible, qui promet vne ſanté entiere, & vne grãde abondance de richeſſes, ceux qui s'adonnent auec paſſiõ à cette ſcience deuroient eſtre les plus riches & les plus ſains du monde ; nous voyons cependant qu'ordinairement, ils ſont les plus infirmes, & les plus pauures. A n'en point mentir, promettre de guarir les goutes , la

lepre, l'hydropisie, la pa-
ralysie, & autres mala-
dies qu'on appelle incu-
rables, & estre podagre,
lepreux, paralytique,
graueleux, & hydropi-
que; promettre des Mō-
tagnes d'or, & n'auoir
pas le sol, estre tout nud,
& couuert de poux, c'est
s'exposer à la risée de
tout le monde, & passer
pour ridicule dans ses
propositiōs, fourbe dans
ses promesses, & com-
mettre cet art de faire de
l'or, & de guarir à la cen-
sure du public.

A n'en point mentir,
si ceux qui trauaillent à

ce Chef-d'Oeuure de
Chymie, auec vn heu-
reux succez, étoiér les pl²
infirmés, & les plus pau-
ures, cette seconde ob-
iection passeroit dás mon
esprit pour inuincible, 
mais de dire que l'art de
guarir & de faire de l'or
soit chimerique, parce
que mille sortes de ca-
nailles pretendant en ac-
querir la théorie & la
pratique s'occupent tou-
te leur vie à chercher les
moyens de ce faire par
des voyes tout à fait éloi-
gnés soufflent iour &
nuict, suent sans repos
aprés leur teinture, leur

fixation de Lune & de
Mercure, leur extractió
du Mercure, de Saturne,
& d'Antimoine, leur cir-
culatió, leur esséce, leur
poudre, & amalgame, de
matieres diuerses &
étrangeres, & qui pour-
tant mangent & dissipent
leur bien, & celuy de
leurs amis, qu'ils abu-
sent par milles vaines
esperances, & que Dieu
permet estre trompez en
chastimẽt de leur am-
bition; & ensuite rem-
plis de fumées Mercu-
rialles & Arsenicales,
de leurs matieres, ou de
leurs charbons, deuien-

ment goutteux, poda-
gres, & enuenimez de
maladies croniques, ce
feroit vn tres mauuais
raifonnement : & puis il
eft certain que ceux qui
trauaillent auec fuccez
viuent cachez & incon-
nus ; & ceux qui tra-
uaillent vainement fe
produifent par tout, la
prudence accompagne
infeparablement les Sça-
uants qui poffedent ce
don de Dieu ; & la vanité
& l'oftentation eft atta-
chée à ceux qui cher-
chent & qui ne trouuent
que de la fumée ; ceux-
cy font touſiours pau-
ures

ures & infirmes, mais les
autres joüyssent auec
plaisir & richement du
fruict de leurs trauaux ;
Ne dites-donc pas que
ceux qui s'adonnent à
cette diuine science
sont pauures & infirmes;
dites seulement que
ceux qui s'y adonnent
vainement viuent dans
la pauureté & dans la
langueur, & meurent
souuent dans le mépris
& l'infamie; car pour
ceux qui s'y exercent
sçauãment & sagement,
puisque la prudence les
tient clos & couuerts,
vous ne les connoissez
G

pas, & n'en ſçauriez por-
ter vn entier iugement ;
& ſi vous eſtiez aſſez heureux de les connoiſtre,
vous remarqueriez vne
prudence dans leur agir,
vne charité en leurs a-
ctions, vne probité en
leurs mœurs, vne mo-
deſtie en leur port, vne
retenuë en leurs paroles,
& toutes les marques
d'vne bonne ſanté en
leurs viſages.

## III. OBIECTION.

MAis vous direz encores que ce ne font pas seulement ceux que i'appelle canailles qui trauaillent vainemét en cét œuure, que tous les siecles en ont veu qui passoient pour des sçauants & de grands hommes; & qui apres auoir passé les trente & quarante années à la recherche de ce grand Elixir, n'ont rié trouué de vray & de reel, & ont confessé hautement que c'estoit vne presomption de l'en-

treprendre, vne vanité
de l'esperer, & vne folie
d'y employer beaucoup
de temps. Que si tant
d'hommes de merite qui
ont eu les approbations
publiques, & qui auec la
pointe de leur esprit pe-
netroient les plus ca-
chées & plus sublimes
veritez se sont épuisez
dans cette recherche, &
n'en ont rapporté qu'vn
tres sensible déplaisir d'y
auoir perdu leur temps
& leur huile ; est-ce pas
vne tres forte coniecture
pour reuoquer en doute
la possibilité de l'art?

Il n'est pas difficile de

répondre à ce poinct.
Premierement c'eſt vne
queſtion, ſi pluſieurs
grands perſonnages ſça-
uants en la Philoſophie
y ont trauaillé vaine-
ment; ie mets en fait que
ſi l'on eſt vrayemént ſça-
uant l'on trauaille en ſe-
cret, & qu'il n'y a que les
ignorans qui font gloire
de publier leurs tráuaux,
d'eſtaller de grands la-
boratoires pour leurrer
& attrapper les plus ſots
entre les Curieux, & par
conſequét qu'on ne peut
ſçauoir bien aiſément ſi
pluſieurs ſçauants hom-
mes ont trauaillé ſans

reüssir. Mais supposons
en effet que tous les siecles en ont veu, qui auec
de tres - grandes lumie-
res ont rencontré en cét
ouurage vne pierre d'a-
choppement ,    plustost
qu'vn Elixir de vie; que
pouuez-vous tirer de là
sinon que tous ceux qui
trauaillent ne reüssissent
pas , & ie l'accorde vo-
lontiers : Mais si par là
vous pensez faire croire
que l'art n'est pas possible , vous meritez que
l'on se rie de vous , qui
diroit mille personnes,
& mesmes des plus ex-
perts en l'art de nauiger,

ont entrepris le voyage
de l'Amerique, ſans ia-
mais y pouuoir arriuer :
Donc ce voyage eſt im-
poſſible, le renuoyeroit-
on pas aux premiers ru-
diments de la Logique.

Les plus grands eſ-
prits ne ſont pas infail-
libles, & toutes nos plus
grandes lumieres ſont
mélangées d'obſcuritez
& de tenebres, l'ouura-
ge des Philoſophes eſt vn
ſimple ouurage de Na-
ture, & il ſe trouue que
la pluſpart des grands
eſprits du monde s'éloi-
gnent de la ſimplicité, &
eſtants trop ſubtils en

leurs penſées & en leur
agir, s'éuanoüiſſent en
leurs conceptions, & s'é-
garent du droiɕt ſentier
de la Nature. Dauátage,
les eſprits des hommes
ſont bornez, ils ſont é-
clairez pour de certai-
nes choſes, & aueugles
en d'autres; voire les plus
éleués ſont idiots dans
les moindres ſuiets : ils
raiſonneront merueil-
leuſement, ils ſe feront
admirer en leurs diſ-
cours, dans des ma-
tieres generales ; & s'il
faut tant ſoit peu deſcen-
dre dans le particulier,
ils perdent la tramon-

tane , & trouuent tous
leurs plus beaux raison-
nements defectueux: par
exemple , que l'on fasse
vn discours sur quelque
qualité premiere , vn bõ
esprit dira des merueil-
les ; il dira que la qualité du sec est opposée à
celle de l'humide ; que
tant plus vne chose est
seiche , tant moins elle
est facile à se resoudre,
parlant ainsi en general,
il persuadera tout ce
qu'il dit , & s'efforcera
de le persuader aux au-
tres ; mais s'il vient à
faire l'application de
cette Theorie, sans dou-

te il deuiendra aueugle,
il verra que la pierre est
seiche de sa nature ;   &
qu'en effet par cette raison estant mise dās l'eau
elle  ne  se resout pas :
mais aussi il verra que la
pierre estant calcinée, est
plus seiche qu'elle n'é-
toit  auparauant, puis-
que le feu a emporté
le peu d'humide qu'elle
auoit, & toutefois elle se
resout plus facilement
calcinée, & si elle plus
seiche calcinée que ne
l'estant pas ; & voila ces
belles speculations ren-
uersées ; pour vous dire
que les plus grands es-

prits, ou qui paſſent pour
tels à cauſe de leurs ſub-
tilitez & beaux diſcours,
ſont arreſtez au premier
pas quand il leur faut
faire des applications de
leurs principes. Ainſi
tous ceux qui ſont eſti-
mez pour de grands per-
ſonnages, ou ne le ſont
pas en effet ; ou leur
trop grande ſubtilité les
égare du ſentier de la
verité, où ils trouuent
des bornes & limites
dans leurs entrepriſes:
Ainſi ce ne ſeroit pas
grande merueille ſi plu-
ſieurs de ces hommes,
que l'on appelle grands,

auoient entrepris cét
Elixir de vie, & n'a-
uoient pas bien reüſſi,
mais ce ne ſeroit pas
auſſi vn raiſonnable fon-
dement pour renuerſer
ſa poſſibilité.

---

## IV. OBIECTION.

D'Où vient donc
que cette occupa-
tion eſt blâmée de tout
le monde, & mêmes
des plus ſages ? D'où
vient que d'eſtre fou, ou
fourbe, & chercher la
Pierre Philoſophale, c'eſt
vne même choſe au ſen-
timent

timent du public?

Quand vous me dites que les sages blâment ceux qui s'occupent à la recherche & à la pratique de cét œuure, c'est comme si vous me disiez que les plus vertueux blâment la plus heroïque action de vertu, les plus iustes le plus noble effect de la iustice, puis que cét ouurage est l'vn des principaux effets de la sagesse ; & c'est pour cela qu'il est appellé le secret des sages, l'ouurage des Sçauants, le grand œuure de l'Art & de la Nature, & la Pier-

re des Philosophes : Si
vous disiez que ceux qui
passent pour sages, & qui
ne le sont pas, n'approu-
uent pas cette occupa-
tion, i'en demeurerois
d'accord auec vous, mais
ce seroit vn foible mo-
tif pour la condamner.

I'aduouë pareillemét
que la pluspart du mon-
de la condamne, mais
tant s'en faut qu'il faille
tirer de là qu'elle est blâ-
mable, plustost i'en tire
vn motif de sa iustifica-
tion, puisque, comme dit
l'Escriture, le monde
est tout remply de fols,
& les fols ne peuuent

approuuer ce qui pro-
cede de la sagesse.

C'est pour cette rai-
son que les belles choses
sont tousiours trauer-
sées, que les meilleurs
desseins ne trouuent
point d'appuy, & que
les plus hautes veritez
sont méprisées, & ne
sont point connuës: Sça-
uons-nous pas que la
verité mesme estant de-
scenduë du ciel en terre
pour se manifester & se
faire connoistre, n'a rencontré que des persecu-
teurs, quand elle a par-
lé pour éclairer l'esprit
des humains des plus

hautes & diuines doctri-
nes, l'on a demandé des
signes, l'on a veu dans
les villes des murmurs
& des soûleuemens ; &
il a fallu iustifier ses paroles par mille morts ,
mille martyrs, & mille
effusions de sang.

Au contraire, vn faux
Prophete n'a pas pluftoft
paru pour publier ses
resueries & ses menson-
ges, qu'en peu de temps
il a infecté & prophané
toute vne terre sainte ,
l'homme est à present
corrompu vniuerselle-
ment en toutes ses puis-
sances ; & comme le dé-

reglement de la volonté
fait qu'il panche du costé
du mal plustost que du
costé du biē, ou qu'il pre-
fere les biens apparents
aux veritables : ainsi le
déreiglement de son en-
tendement le porte à
embrasser plustost le faux
que le vray, à mépriser
la verité, & aimer le
mensonge. D'où vient
que l'approbation pu-
blique n'est pas tousiours
la voix de Dieu, & que
ce qui est blamé par la
pluspart des hommes,
est souuent glorieux &
digne de louange.
Ie sçay bien que vous

adiousterez que ce blâ-
me vniuersel n'est pas
sans fondement, & que
les fourbes & trompe-
ries de ceux qui profes-
sent cét'art, les grands
inconuenients qui en ar-
riuent tous les iours, &
qui en sont arriuez de
tout temps, sont des voix
qui crient hautement
contre l'art & contre les
Artistes; Mais ie vous
répondray aussi que ce
fondement est si foible,
qu'il tombe de luy- mê-
me. I'aduoüe qu'il s'y
est glissé de grands abus
dans la pratique de cét
Art, & que plusieurs

ighorants preſumans de
leurs forces, & s'éleuant
au deſſus de leur por-
tée, ſe ſont de tout
temps voulu mêler par-
my les ſages, eſtudier en
leurs Eſcolles, s'occu-
per en la lecture de leurs
Liures, & tenté la pra-
tique de leurs plus
grands ſecrets; mais
n'ayant point d'autres
guides que leur foible
raiſonnement. Ils ont
pris les eſcrits des Phi-
loſophes litteralement,
ont employé les années
entieres, engagé leur
temps, leurs biens, &
leurs amis, ſans rien

trouuer dans leurs vaif-
feaux que cela même
qu'ils y auoient mis dans
le commencement : De
forte que fe voyants de-
ceus de leurs efperan-
ces, ruinez de fond en
comble, endebtez par
tout, comme vn abyme
en attire vn autre, ils fe
iettent dans le precipi-
ce, ils alterent les me-
taux, ils trauaillent a-
pres des Sophiftiques,
ils font de mauuais al-
liage, ils fabriquent de la
fauffe monnoye, & enfin
finiffent leurs iours fur la
potence, ou fur la rouë.

Mais s'il falloit con-

damner toutes les pro-
feſſions où il ſe gliſſe des
abus, ſans doute les plus
ſaintes & legitimes ſe-
roient ſuiettes à la Cen-
ſure, il faudroit bannir
les Magiſtrats, puis que
nous remarquons dans
les plus celebres Senats
des abus inſupportables
dans l'adminiſtration de
la Iuſtice; Il faudroit
ruiner les Cloiſtres, renuerſer les Temples, &
abolir les plus ſaints In-
ſtituts, puis qu'il s'y
forme des abus; c'eſt vn
mal qui paroiſt aux yeux
de tout le monde, que
les plus grands abus ſui-

uent & accompagnent
ordinairement les plus
nobles professions; il ne
procede pas toutefois de
la nature des emplois &
des professions, mais de
la malice & de la foi-
blesse des hommes qui
sont si faciles à se porter
dans le desordre, que le
moindre vent les y fait
cheoir. Si donc nous
remarquons des abus,
& de tres grands abus
dans l'art des Philoso-
phes, c'est plustost vn
motif pour l'approuuer,
que pour le condamner.
Et au reste, tout cela
ne dit rien contre sa ve-

rité & sa possibilité.

---

## V. OBIECTION.

]L n'y a point d'appa-
rence que tous les
composez de l'Vniuers
presque infinis en nom-
bre, qui sont remplis de
milles impuretez, suiets
à mille sortes de diffe-
rentes maladies, soüil-
lez de mille taches, puis-
sent estre guaris, puri-
fiez & nettoyez par vn
seul remede: Nous re-
marquons bien en cha-
que chose des proprie-
tez specifiques, & que

chaque simple animal &
mineral, a des qualitez
propres pour quelque
mal particulier; mais la
Medecine n'en a point
encore decouuert qui
contienne les proprie-
tez de tous ensemble:
elle dit bien que la rheu-
barbe purge la bile, l'a-
garic la pituite; que la
chicorée est specifique
pour les maladies du
foye, le minium solis
pour le calcul, la peuoi-
ne contre l'epilepsie,
le Ros solis pour le poul-
mon, & attribuë à tous
les particuliers des qua-
litez & des vertus par-
ticu-

ticulieres; & comme il
appartient proprement
au Medecin de sçauoir
& iuger des remedes, s'ils
n'en ont point reconnu
qui soit propre contre
toutes les maladies ima-
ginables, tant internes,
qu'externes; est-ce pas
vne marque éuidente
qu'il n'y en a point, &
qu'il n'y en peut auoir;
& qu'il vaut mieux croi-
re que les vertus de tous
les mixtes de l'Vniuers
sont bornées, que de s'i-
maginer que l'on en peut
faire vn qui les contiédra
toutes. *Responce.*
A la verité cette cin-

quiéme obiection estant
fondée sur l'apparence,
ie ne m'étone pas si elle
n'a rien de vray que l'apparéce: Vous dites qu'il
n'y a point d'apparence
qu'vn remede puisse estre
vniuersel & general: Et
dites-moy pourquoy
vous admettrez plustost
vn aliment vniuersel qui
nourrist tous les sujets
de la Nature Elemen-
taire qui est tout en tout,
tout par tout, & tout
auec tout, qui éleue le
mineral, fait croistre les
plantes, & nourrir l'ani-
mal? Toutes les choses
sublunaires viuent elles

pas & se conseruent-el-
les pas par vn seul bau-
me de Nature que le vul-
gaire appelle Sel : Si
tout le monde voit & 
connoist euidemment
cét aliment vniuersel,
pourquoy ne pourrons-
nous pas dire qu'il y peut
auoir pareillement vn
remede vniuersel, puis
qu'il n'y a rien à faire
que d'exalter cét ali-
ment, & l'éleuer telle-
ment par les operations
de l'art, imitant la Na-
ture, que d'aliment il
deuienne remede, com-
me nous exaltons le vin
& son esprit, en sorte

qu'il n'est plus vne boif-
fon ordinaire, mais vn
Cardiaque fouuerain.
Ainfi eſtant auparauant
fon exaltation vn alimét
vniuerfel, il fera apres
fon éleuatió vn remede
vniuerfel; Car comme il
n'agit qu'en deux manie-
res; premierement con-
fortant la Nature, fecon-
dement introduifant vn
parfait temperament en
chaque chofe par fa par-
faite mixtion d'elemens,
fon agir & fa vertu doit
eſtre vniuerfelle, d'au-
tant qu'en agiſſant de la
premiere maniere, ie
veux dire en confortant

la Nature, il la rend vi-
goureuſe, & aſſez forte,
pour reietter ce qui luy
eſt contraire de quelle
façon que ce puiſſe eſtre,
la nature eſtant fortifiée,
elle combat vniuerſelle-
ment tous les maux qui
l'attaquent, & quand elle
eſt aſſez forte, elle eſt
touſiours victorieuſe.

Secondement, en a-
giſſant par l'introductió
d'vn parfait temperamét
dans le mixte, il chaſſe
indifferemment toutes
les maladies qui corrom-
pent le ſuiet où il eſt appliqué, parce que les
maladies ne conſiſtent

que dans l'intemperie,
& de ces deux façons
d'agir nous colligeons
tres-clairement vne ver-
tu vniuerselle en ce re-
mede. Il est le fils du Soleil & de la Lune, dit le
grand Hermes, il retient
de la Nature de son pe-
re; & comme le pouuoir
de ces deux causes prin-
cipales est vniuersel; sa
vertu pareillement est
generale.

Ne dites donc plus
qu'il n'y a point d'appa-
rence qu'vn seul remede
puisse auoir vn pouuoir
vniuersel sur toutes les
maladies des composez

de la Nature, de peur
que l'on ne le die qu'il
n'y a point d'apparence
que vous ayez le sens
communs, & si vous n'a-
uez point d'autres rai-
sons, rendez-vous à la
force de nos raisonne-
ments.

## VI. OBIECTION.

Non, l'ignorance
n'est pas encore
assez humiliée, elle est
vaincuë, mais elle n'est
pas conuaincuë, il luy
reste encores vn trait
qu'elle a gardé pour le
dernier comme estant

son Achilles, puis que
c'est son dernier soûpir,
donnons luy le loisir de
la voir expirer.

Elle dit enfin apres
s'estre bien debattuë en
vain, que s'il y auoit
vne Medecine vniuersel-
le partant incorruptible,
l'homme se pourroit ren-
dre immortel, se ren-
dant immortel il donne-
roit vn démentir à l'Es-
criture, il contrediroit à
S. Paul, il appelleroit de
l'Arrest de mort pronon-
cé contre tous les hom-
mes; ce qui ne peut tom-
ber dans l'esprit d'vn hô-
me sage, & d'vn Chré-
tien; il se rendroit im-

mortel, parce que tandis
que le mélange de ses
trois principes de son
soulfre, de son sel, & de
son mercure, sera parfait,
il ne sera iamais malade,
du moins *ab intrinseco*; n'é-
tant point malade il ne
mourra iamais : Or est-il
que la Medecine que no°
supposons met & con-
serue les humeurs & les
quatre qualitez Elemen-
taires dans vn parfait accord : elle entretient le
parfait mélange, com-
me nous auons dit, de
ces trois principes soul-
fre, sel & mercure; ainsi
elle empesche les mala-

dies, & par consequent
elle rend immortel *ub in-*
*trinseco.*

*Response.*

Voila sans doute le der-
nier effort de l'Ignoran-
ce & du Mensonge con-
tre la Verité ; mais ie
m'asseure qu'elle mourra
icy comme la chandel-
le en donnant quelque
petit éclat particulier ; Ie
me persuade que c'est sur
ce Donjon que nos plus
grands ennemis se tien-
nent forts, & pensent
remporter la victoire,
mais il les faut des-abu-
ser.

PREMIEREMENT, quel inconuenient de croire qu'vn homme pourroit estre immortel par l'vsage de quelque remede? si l'arbre de vie au Paradis terrestre eust produit cét effet: Il n'y a pas de repugnance qu'vne chose ne puisse rendre vn homme immortel, cette immortalité n'estant qu'*ab extrinseco*, comme parle l'Escole, & n'estant pas, à proprement parler vne immortalité: De sorte que quand mesme vn homme ne mourroit iamais par l'vsage de nostre Medecine, il ne laisseroit

il ne va
pas d'estre mortel, *ab in-*
*trinseco*, ayant en soy des
Elements qui ont en eux
le principe & la racine
de la mortalité : quand
vn homme ne riroit ia-
mais, il ne laisseroit pas
pour cela d'estre risible,
ayant en soy le principe
de risibilité ; de mesme
quand vn homme ne
mourroit iamais, il seroit
tousiours mortel, ayant
la forme & le principe
de mortalité, l'immor-
talité *ab extrinseco* n'est
pas repugnante à la
creature, autrement au-
cune puissance exterieu-
re, non pas mesme celle

de

de Dieu ne la pourroit
conſeruer dans l'Eterni-
té, & il ne repugne pas
pareillemét qu'vne crea-
ture par ſa vertu puiſſe
communiquer & pro-
duire cette immortalité,
autrement l'hiſtoire de
l'arbre de vie ne ſeroit
point vraye, ce que nous
ne pouuons pas alleguer
ſans crime, & ſans dou-
te ſi cét arbre de vie n'é-
toit pas vne mème cho-
ſe que l'Elixir des Phi-
loſophes, c'eſtoit il du
moins quelque choſe
ſemblable, c'eſtoit vn
fruict qui deuoit neceſ-
ſairement auoir les Ele-

-ments parfaitement mé-
langez, puis qu'il devoit
côseruer vn parfait tem-
peramment à l'homme;
& rien ne peut conseruer
naturellement vn têpera-
ment de cette sorte, que
par le moyé de la parfaite
mixtion des Elements &
qualitez premieres. Nô-
tro Elixir est donc la même chose, n'estant autre
chose, qu'vne substance
qui a en soy vne parfai-
te mixtion d'Elemens: &
de là vient qu'il est vne
Medecine vniuerselle &
Catholique, aux ani-
maux, aux vegetaux, aux
mineraux, & aux mé-

raux. Car comme tous
les composez de la Na-
ture sublunaire, ne sont
malades, & imparfaits
que par intemperie, im-
pureté, & indigestion,
vn parfait temperament,
chassant l'impureté, l'intemperie, & digerant
tres-forcement, il est
certain qu'vne substance
d'vn parfait temperamec
appliquee suffisamment,
& comme il faut, doit
estre vne Medecine vni-
uerselle, souueraine &
efficace à tous les suiets
ausquels elle est appli-
quée de la force.
Et de là nous pouuons

mer en passant, vne rai-
son morale pourquoy ce
grand secret est commu-
niqué à si peu de monde,
& que de cent mille qui
le cherchent, pas vn de
le trouue, de mille qui
en acquierent la cõnois-
sance, à peine deux ou
trois reüssissent dans la
pratique: c'est qu'estant
comme vn arbre de vie
en terre, & partant vn
des aduantages de l'in-
nocence du premier
homme, le peché nous en
priue ainsi que des au-
tres bonheurs que Dieu
auoit attaché à cét estat
de gloire, & de beauté;

il n'y a que les ames
choisies & regardées de
Dieu d'vn œil plus amou-
reux qui reçoiuent cette
grace qui penetrent dans
ce secret, & qui l'ache-
uent heureusement. Les
autres qui n'ont pas l'a-
me tout à fait épurée ny
marquée au coin de la
vertu, qui ont l'ambi-
tion au cœur, la vanité
dans l'esprit, qui ne con-
siderent ce tresor, que
comme vn moyen d'en-
tretenir leur luxe & leur
débauche, de prendre
leurs plaisirs déreglez,
d'assouuir leurs passions,
& ne conoissent pas qu'il

faut rapporter & rendre
à Dieu ce qui vient de
luy, s'il ont empeschez &
destournez par quelque
chose de semblable au
Seraphin, qui auec vn
glaiue de feu, est inter-
posé à la garde de l'en-
trée du Paradis terrestre.
En effet ie suis entiere-
ment persuadé que Dieu
ne permettra iamais qu'
vn méchant homme &
mal intentionné, possede
ce secret, voire mesme
quand il le possederoit
l'ayant appris, ou par vn
amy, ou par des lectures
opiniastres des Philoso-
phes, ie croy fermément

qui iamais il ne le mettra
en execution, ou si Dieu
benist son trauail, il n'en
aura iamais d'vsage. Te-
nons pour maxime cer-
taine que Dieu ne le re-
uele qu'à vn homme de
bien, ou afin qu'il de-
uienne homme de bien,
car ie mets en fait que la
connoissance & la posses-
sion de ce grand Oeuure
n'est pas vn des moin-
dres moyens de la grace
pour redresser vn hom-
me, d'autant que pre-
mierement ayant la con-
noissance de cét oeuure,
il connoist toute la Na-
ture, qui est, comme dit

l'Apostre en vn beschelon
pour monter plus aise-
ment à la connoissance
de Dieu. Secondement
possedant ce secret, tant
en effet qu'en theorie, il
n'a plus rien à posseder
en terre, c'est vn Tresor
qui contient tous les au-
tres, puis qu'il donne la
santé & les richesses,
sources de tous les autres
biens que les hommes
adorent. Que s'il n'a pl°
rien à desirer & posseder
en terre, comme l'esprit
de l'homme ne se trouue
pas encore remply, rien
ne le pouuant remplir
que Dieu, & vn million

 Par
des mondes ne suffisant
pas pour remplir la capa-
cité naturelle de nostre
ame, voire tant plus qu'
elle connoist & possede
de creatures; tant moins
elle est remplie, & tant
plus ces mondes qu'elle
connoist sont beaux &
admirables, tant moins
elle est satisfaite: d'autãt
que la connoissance des
effects, & des plus beaux
effets, excite nos desirs
pour connoistre la cause
de tant de beaux effects,
& ainsi la possession de
toutes les creatures, au
lieu de la remplir & de
la contenter, ne fait que

accroistre sa foy, aug-
menter ses desirs, & re-
doubler ses mouuemens,
elle veut aller à la source, & ne plus s'arrester
à de petits ruisseaux, elle
veut atteindre ce pre-
mier moteur, elle mé-
prise ses plus beaux ef-
fets, & la Pierre Philo-
sophale ne luy semble
plus rien, elle veut se
ioindre à son premier
principe, en vn mot elle
cherche Dieu seul, Dieu
seul la pouuant remplir
& contenter, ayant en ce
secret tout ce qu'elle
peut esperer & desirer
en terre, & connoissant

qu'elle est moins remplie
que iamais par la raison
que nous venons de dire,
elle iette ses yeux du
costé du Ciel : de sorte
que la possession de ce secret est vn grand moyen
à vn esprit tant soit peu
éclairé pour estre saint,
& deuenir homme de
bien, mais insensible-
ment cette digressiõ mo-
rale me conduiroit hors
du suiet, si ie n'y prenois
garde. Retournons donc
à nostre propos, & di-
sons que l'Elixir des
Philosophes estant vne
substance tres-parfaitte
qui a en soy vne mixtion

d'Elemens tres parfaite,
& partant vn second ar-
bre de vie, non pas pro-
duite par la Nature com-
me le premier, mais par
la Nature aydée de l'Art.
Il peut empecher que
l'homme ne meure, &
luy pourroit doñer l'im-
mortalité *ab intrinseco*,
& qu'en cela il n'y a ny
absurdité, ny inconue-
nient, & par consequent
ce n'est pas vne trop forte obiection contre la
possibilité de l'art, quand
on dit que l'homme se
rendroit immortel, puis
qu'il n'y auroit nul in-
conuenient d'accorder

cette

cette consequence.

Neantmoins ie ne l'ac-
corde pas, plustost il faut
dire que bien que nostre
Elixir ait la puissance de
communiquer cette im-
mortalité dont nous auons
parlé, estant appliqué
suffisamment & sagement
toutefois il ne le fait pas
depuis l'arrest de mort
prononcé contre tout le
genre humain, & signi-
fié à nostre premier Pe-
re: Dieu a borné, non
pas, son pouuoir, mais
l'usage & exercice de son
pouuoir, ne permet-
tant pas que l'artiste la
pousse au plus haut de

gré de la perfection, au-
quel seul degré elle est
capable de cet effet, car il
y a vne latitude dans la
perfection du tempera-
ment, ou bien n'en per-
mettant pas l'vsage aux
sujets qui sont tout à fait
disposez à cette exalta-
tion, comme seroit par
exemple vn ieune Hom-
me en l'age de vingt ans,
auquel les trois princi-
pes sont mélangez par la
Nature, comme il faut,
pour faire vn bon tem-
perament, & ne sont pas
encore debillitez, & l'vn
n'est pas ny plus fort ny
plus foible qu'il faut en

celui, la nostre Elixir feroit des merueilles, par-
ce que trouuant vn suiet
composé parfaitement
en ses principes, c'est à
dire, qui a tout le soulfre
qu'il faut, tout le mercure & tout le sel qu'il faut,
l'Elixir exaltant & perfe-
ctionnant ces trois principes conformemét au té-
perament & au suiet, sans
douté il immortaliseroit
vn semblable suiet; mais
n'estant pas administré
par la permissió de Dieu
si opportunémens, ny en
vn suiet, ny en vn aage,
ny en vn temps si conue-
nable, il n'immortalise

pas, mais seulement con-
serue la santé long-teps,
& prolonge la vie. Par
exemple, vn homme, soit
ieune ou vieil, sera con-
stitué par la Nature dans
vn certain temperament
que le Pere donnera
beaucoup, ou le chaud,
ou le froid, ou l'humide,
ou il y aura, ou peu, ou
trop de soulfre, de sel, ou
de mercure, & ainsi ne
sera pas d'vn bon tempe-
rament, qui demande
vne certaine egalité dans
le poids de la Nature,
comme nostre Elixir agit
conformement au sujet
& à la Nature des choses,

les exaltent & perfectio-
nent, il exaltera le fec, le
chaud, le froid, & l'humide de cet homme, fon
foulfre, fon fel, & fon
mercure, mais toufiours
conformémét à fon tem-
perament & naturelle
conftitution: il purifiera
ces trois principes, mais
il n'en changera pas, le
temperament, autremét
dans fon application il
pourroit changer les ef-
peces, car comme le di-
uers mélange de ces trois
principes fait la diuerfi-
té, fi l'Elixir changeoit
mélage qui fait vn tel cô-
pofé, il en feroit vn autre.

D'où vient qu'ayant
tous receu de la Nature
vn certain temperament,
& vne singuliere mixtiõ
de nos Elemens, l'Elixir
ne fait que les purifier,
les exalter, & perfectio-
ner, mais ne les change
pas, ainsi il prolongera
la vie, mais ne rendra
pas immortel, d'autant
que tandis que cette mix-
tion demeure, sa source
de l'immortalité n'est
point tarie; ce qui trom-
pe en ce point nos chy-
mistes, est qu'ils s'imagi-
nent que l'Elixir donne
vn parfait temperament
absolument parlant, sans

auoir égard au premier
temperamét de nos naif-
fances, & cela n'eſt point
vray: autremét c'eſtant appliqué à la graine d'vne
fleur, d'vne tulippe, ou
d'vne roſe, il feroit quelque choſe qui ne feroit ny
tulippe, ny roſe: Il perfe-
ctiône ſeulemét les prin-
cipes de la tulippe & de
la roſe, & donne à cette
roſe tout le meilleur temperament qu'elle peut a-
uoir ſuiuant ſa naturelle
côſtitutiô. Il en faut dire
le mème à l'égard des hô-
mes, & des autres com-
poſez de la nature ſublu-
naire. Vous voyez donc

comme cette obiection,
qui paroissoit si forte dás
son commencement, n'é-
toit fôdée que sur l'igno-
ráce & le peu de lumiere
des ennemis de la verité.
Concluons donc en fa-
ueur de la Philosophie, &
à la confusion de tous ces
Hiboux qui ne peuuent
supporter la clarté des
plus beaux iours, & di-
sons que la raison publie
& establit la possibilité
de l'Elixir Philosophal,
que le mésonge trauaille
en vain pour la détruire.
S'il est possible par la
Nature aydée de l'Art
qu'on ne blâme plus de-

formez les beaux esprits
eslevez au dessus du com-
mun, & qui ont secoué
toute la poussiere de l'Es-
colle, quand on sçaura
qu'ils recherchent cu-
rieusement la connois-
sance de cette diuine
Science.

Qu'on ne s'efforce plus
de décrier ceux, qui desja
illuminez par les rayons
de la sagesse, mettent la
main à l'œuvre, & pren-
nent vn innocent plaisir
de voir travailler la Na-
ture.

Qu'on leur donne
plustost des Eloges, &
qu'on leur prepare des

couronnés, puisqu'ils
employent leur temps
pour laisser au public ce
que l'Art & la Nature
ont de plus precieux.

Qu'on fasse vn sage
discernement des faux
& des vrays Philosophes,
pour extirper les vns,
& honorer les autres,
que l'on deteste les abus
qu'ont apporté dans la
Chimie tous ces malheu-
reux souffleurs, circu-
lateurs, & imposteurs:
mais qu'on ne laisse pas
d'aymer & d'approuuer
cet Art tout diuin.

Il seroit à souhaitter
pour le bien du prochain

que l'on bannist ces pe-
stes du public, que l'on
punist exemplairement
ceux qui leur donnent
des asyles, que l'on visi-
tast souuent dans les mai-
sons de mille sottement
curieux, qui soubs pre-
texte de professer la Me-
decine qu'ils n'ont ia-
mais appris, & autres
professions qui deman-
dent de tenir des four-
neaux, des vaisseaux, &
autres instruments qui
peuuent trancher des
deux costez, s'echap-
pent en des commerces
pernicieux à tout le mō-
de, & par leur conduite

criminelle procurét aux
Sages qui s'occupent in-
nocemment des trauer-
ses & des persecutions.

L'ouurage des Sages
ne demande pas de si
grands laboratoires,
tant de fortes d'instru-
mens & de fourneaux,
c'est vn simple ouurage
de Nature, ennemy de
tant d'inuentions, de
tant d'artifices & de sub-
tilitez. Nos anciens Phi-
losophes qui ont esté as-
sez heureux pour en ve-
nir à bout, ne faisoient
pas tant de grimasses, &
n'apportoient pas tant
de ceremonies. Com-
me

me ils estoient sages, ils
estoient aussi amateurs
de la simplicité, & enne-
mis des trop subtils artifi-
fices. Si c'estoit icy de
mon dessein de parler de
la pratique de cet Oeu-
ure, ie ferois connoistre
à tout le monde qu'elle
est tres-simple & natu-
relle, & qu'il ne faut pas
estre grand Chymique
de la maniere que l'on
l'est à present, pour le
commencer, le conti-
nuer, & acheuer heu-
reusement : mais n'ayant
entrepris que de le de-
fendre contre ses Calo-
mniateurs, ie reserue.
M

ray ce deſſein à vne au-
tre rencontre : Ne pen-
ſez pas pourtant que ie
me vueille vanter d'en
auoir la pratique com-
me la theorie, non ie ne
vous promets pas de
vous la declarer auec
toutes les operations par-
ticulieres qui ſuppoſent
vne experience ; mais
bien de vous les dire en
general, & vous faire voir
ſuffiſammét par là, com-
me cét œuure eſt ſim-
ple, naturel, & éloigné
de tous les ambages qui
ſe rencontrent dans les
maiſons de nos ſouffleurs
& trompeurs publics.

Il est vray qu'il faut estre
tout à soy, & que ce di-
uin employ requiert vn
homme tout entier, & le
possede entierement ;
C'est vn ouurage d'Her-
mite, c'est l'occupation
d'vn solitaire, c'est l'exercice d'vn homme qui
connoist le monde, & luy
a dit vn dernier adieu.
Vn autre qui sera enga-
gé dans le monde, em-
barassé dans les affaires,
engagé dans les negoces,
employé au commerce,
occupé dans les charges
& dans les dignitez, ne
doit pas l'entreprendre ;
& s'il l'entreprend, ses

trauaux seront inutils,
& ses esperances vaines;
le plus seur est d'atten-
dre du Ciel, les moyens,
les occasions, & mesmes
les pensées ou inspira-
tions pour y vacquer:
car puis que c'est vn don
de Dieu qu'il donne à
qui bon luy semble, il
faut tout esperer de sa
bonté, tout attendre de
sa grace, & rapporter
tout à sa conduitte.

## FIN.

tranaux seront inutils, & ses esperances vaines; le plus seur est d'atten- dre du Ciel, les moyens, les occasions, & mesmes les pensées ou inspira- tions pour y vacquer: car puis que c'est vn don de Dieu qu'il donne à qui bon luy semble, il faut tout esperer de sa bonté, tout attendre de sa grace, & rapporter tout à sa conduitte.

FIN.

www.ingramcontent.com/pod-product-compliance
Ingram Content Group UK Ltd.
Pitfield, Milton Keynes, MK11 3LW, UK
UKHW022108190726
13855UKWH00002B/709